Título original: *Caillou Goes Birdwatching*
Traducido por Alberto Jiménez Rioja
Texto adaptado por Francine Allen del guión de la serie animada de televisión CAILLOU, producida por Cookie Jar Entertainment Inc. (© 1997 CINAR Productions Inc., una filial de Cookie Jar Entertainment, Inc.). Todos los derechos reservados.
Guión original escrito por Marie-France Landry.
Ilustraciones extraídas de la serie de televisión CAILLOU.
Diseño gráfico: Monique Dupras
Gráficos por ordenador: Les Studios de la Souris Mécanique

Círculo de Lectores, S.A. (Sociedad Unipersonal)
Travessera de Gràcia, 47-49.
08021 Barcelona
www.circulo.es
1 3 5 7 9 8 0 1 0 8 6 4 2
Está prohibida la venta de este libro a personas que no pertenezcan a Círculo de Lectores.
ISBN: 978-84-672-2811-3
Depósito legal: LE. 271-2008
Impreso en España
Editorial Evergráficas, S. L.
N.° 05116 B

Licenciado por

ELASTIC

www.elasticrights.com

Visto en

tve   Boomerang

Un producto de

tve Comercial

caillou™

observa los pájaros

Círculo de Lectores

La abuela había prometido que hoy llevaría a Caillou a observar los pájaros.

—¡Corre, abuela! ¡Vamos! —llamó impaciente Caillou.

La abuela se puso el abrigo y el sombrero.

—No hay ninguna prisa, Caillou. Los pájaros están siempre allí.

Caillou y su abuela caminaron bastante rato.

—¡Yo no veo ningún pájaro! —protestó Caillou.

—Ya veremos alguno; hay muchos árboles. Tú mira bien.

De repente, Caillou vio una bandada entera de pájaros bajando en picado del cielo.

—¡Abuela! ¡Allí! ¡Los veo! ¡Montones de pájaros!

Caillou y su abuela se acercaron sin hacer ruido. Se sentaron en el banco próximo al árbol donde los pájaros se habían posado.

La abuela sacó un paquete de alpiste y echó un poco en las manos de Caillou.

—Esto es lo que más les gusta. Echa un poco al suelo y observa. Seguro que dentro de poco tendremos compañía.

Caillou y su abuela se quedaron quietos. En seguida un pajarito se posó en la tierra, cerca de ellos.

—¡Mira, abuela! —exclamó Caillou—. ¡El pájaro se está comiendo nuestro alpiste!

Caillou, emocionado, se levantó de un salto y corrió hacia el pájaro. Éste se asustó y echó a volar.

—¡Eh, pajarito! ¡Vuelve! —gritó Caillou.

—Deja que se vaya, Caillou. Los pájaros tienen miedo de la gente grande como nosotros. Tenemos que estar muy callados y muy quietos para que no se asusten.

Caillou miró asombrado a su abuela. ¡Cuánto sabía!

Pronto llegó otro pájaro y picoteó el alpiste.

Después llegaron más y más pájaros. Caillou no se lo podía creer. ¡Pájaros de todas clases!

—El rojo es un cardenal
—susurró la abuela.

—¿Y ese gris pequeñito de cabeza negra?

—Ah, ése es un carbonero. Son pájaros muy amistosos.

La abuela echó más alpiste en las manos de Caillou.

—Extiende las manos y estate muy quieto —le dijo.

Caillou no se movió. Vio que el pequeño carbonero saltaba de rama en rama, acercándose cada vez más.

De repente, pasó lo que Caillou deseaba: ¡el pájaro dejó el árbol y se posó en sus manos! Caillou miró a su abuela con los ojos como platos. Se quedó muy quieto porque no quería asustar al carbonero. Por fin, el pájaro echó a volar y Caillou gritó:

—¡Abuela! ¡El carbonero ha comido de mi mano!

De camino a casa, Caillou y su abuela escucharon el canto de los pájaros.

—¿Oyes eso? Los pajaritos están hablando entre sí —dijo la abuela.

—¿Les puedo decir yo algo?

—Pues claro —contestó la abuela, y empezó a silbar.

Caillou intentó imitarla.

—¡No está mal, Caillou! —dijo la abuela sonriendo—. Con un poco más de práctica, lo harás muy bien.

Al volver a casa, Caillou le habló a toda su familia del amistoso carbonero. Le encantaba observar los pájaros.

La abuela tenía una sorpresa para Caillou. Le regaló una casita llena de alpiste.

—Es un comedero para pájaros —explicó.

—¿Tú crees que vendrán pájaros a comer? —preguntó Caillou.

—Si encontramos un buen sitio para colgarlo, creo que sí —contestó la abuela.

La abuela y Caillou decidieron colgar el comedero en el porche de atrás.

—Es un sitio estupendo —dijo la abuela—. Tranquilo, soleado y, lo mejor de todo, puedes observar los pájaros desde dentro de casa, sin molestarlos.

—¡Espero que mi amigo el carbonero venga a vernos! —dijo riéndose Caillou.